'S e Disathairne a bha ann.
Thuirt dadaidh:
"Thèid sinn a thogail a' bhuntàta
an-diugh."

1

Dh'fhalbh sinn.
Fhuair dadaidh gràpa.
Fhuair Iain còig pocannan.
Fhuair mise trì bucaidean.

**Dh'fhalbh sinn chun a' mhachair
a thogail a' bhuntàta.**

Thòisich dadaidh a' dùsgadh
na talmhainn leis a' ghràpa.

Bha mi-fhèin agus Iain a' togail
a' bhuntàta agus gan cuir
ann am bucaid.

Lìon sinn trì bucaidean.

Chum mise am poc agus dhòirt
dadaidh na bucaidean ann.

Chum sinn oirnn a' togail
tuilleadh buntàta.

Bha tòrr buntàta againn air a thogail a-nis. Lìon sinn trì pocannan.

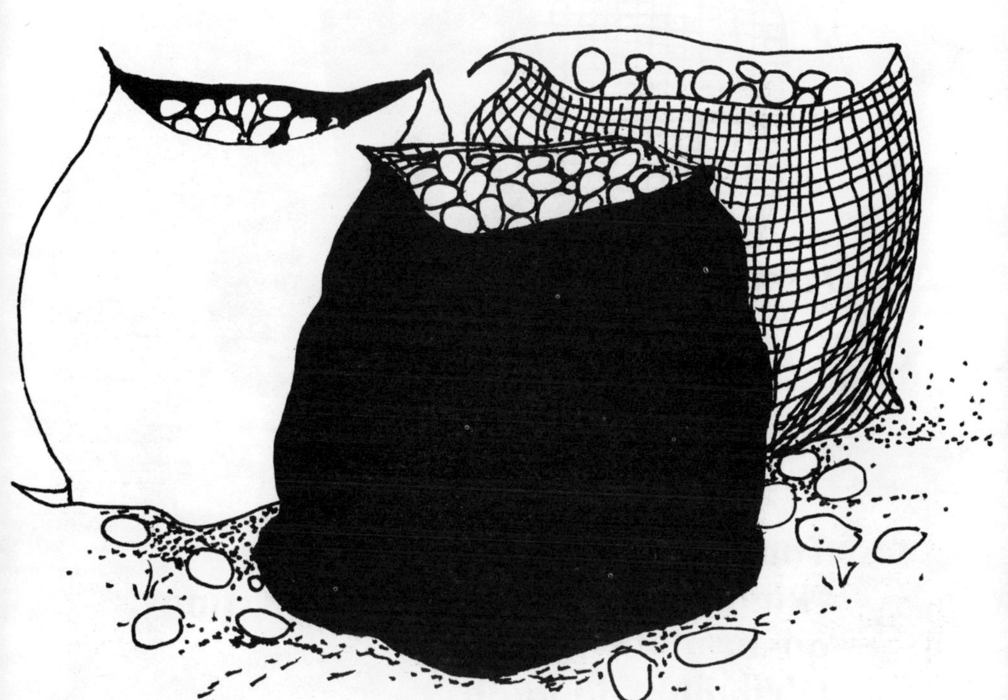

Thuirt dadaidh:
"Rinn sinn glè mhath. Thèid sinn
gu ar dìnneir a-nis."
Dh'fhalbh dadaidh.

Bha mi-fhèin agus Iain
a' cruinneachadh buntàta beag.
Buntàta beag a gheibheadh
na caoirich agus na cearcan.

Thug sinn dhachaigh làn bucaid
de bhuntàta beag.

As dèidh na dìnneir,
thuirt dadaidh:
"Nach tèid sinn a thogail
tuilleadh buntàta?"
"Thèid," thuirt sinne.

An uair a thill sinn chun
a' mhachair, bha na caoirich aig
a' bhuntàta. Bha poca aca air a
dhòirteadh, agus bha iad ag ith
a' bhuntàta.

Bha dadaidh feargach. Bha e
ag èigheach agus a' trod ris
na caoirich.

Ach bha mise a' gàireachdaich,
agus bha Iain a' gàireachdaich.
Ruith Iain agus dadaidh as dèidh
nan caorach.